# SOBRE
## LA CUERDA FLOJA

Carlos R. Collazo Pérez

# DEDICATORIA

Al cuerpo pastoral, al laicado y liderato y a los que a pesar de que no están en una función eclesial ni ministerial. Pero desde su realidad constante, social, deportiva, laboral, empresarial e incluso desde su retiro y jubilación han tenido que pasar por este valle de oscuridad y hacer equilibrio sobre la cuerda floja. Los que de alguna manera u otra han tenido que hacerle frente a la ansiedad y sin respuestas. Espero que esta narrativa les ayude a encontrar paz y fortaleza. Que puedan ser edificados y trasformados a través de cada una de estas páginas. No estás solo, ni sola. Juntos podemos lograrlo. Cada paso es importante y vamos a celebrarlos. Te dedico esta narración desde lo más honesto de mi corazón, sabiendo que aun en las caídas y retrocesos aprendemos.

Voy a ti.

Tu amigo, Pastor Collazo

# AGRADECIMIENTOS

Durante esta temporada de mi vida, pude descubrirme, hacer ajustes, desaprender y sobre todo aprender a valorarme y amarme tal y como soy. Han sido muchos los que me acompañaron durante este camino nombrarlos sería difícil aun así resaltar la tarea de unos es ser justo con el proceso vivido.

Mi comadre y compañera de ministerio la Pastora Leidi Ann Meléndez Zambrana quien constantemente me decía: "Escribe" y "el libro para cuando" agradezco ese seguimiento para contarles a otros lo vivido. Por creer en este sueño que hoy es realidad.

Al compañero, amigo, pastor y mentor Revdo: Alejandro García Toro gracias por caminar conmigo durante esta temporada por tu apoyo, cuidados y atenciones. (Esta historia pronto será escrita)

A mi familia nuclear y extendida, gracias por involucrarse en esta aventura y por todo su apoyo. A mi cuñado Enrique Nieves Reyes y a

*Studio 824* por la portada y el diseño. Definitivamente la mejor manera de proyectar lo que significa: "sobre la cuerda floja".

A Mariam Torres Colón, Wilfredo Torres Mercado y a su esposa Sonia Pagan Pérez, al Licenciado Juan M. Gaud Pacheco y su esposa Ruth Marelis Santana Pabón por leer el borrador, por sus horas dedicadas a este proyecto por medio de la oración y consejos para poder trasmitir con eficacia lo vivido.

Al escritor, autor y profesor Carlos Francisco Figueroa Laracuente, gracias por tu mentoría apoyo y respaldo. Tus consejos son de gran ayuda e inspiración. Gracias a ellos nació sobre la cuerda flojas y varios más.

A Carlos Rubén Santiago, su esposa Alba Mayra Rodríguez y su hija Aryam Santiago Rodríguez por su amistad incondicional y por sus invitaciones a disfrutar del campo. Su amistad es un valor muy grande para nuestra familia.

A mi madre amada Yolanda Pérez gracias por tu ejemplo de superación a mi padre Carlos Collazo por nunca rendirte a mi hermana Norma y hermano Danny gracias por su amor y a mi hermanita querida Erika ñaña te amo un montón.

A mis tres hijos Carlos, Karelis y Yarielis por llenar mis días de alegrías, aventuras y por siempre demostrar su amor, empatía y acompañamiento para con todos. Hacen que cada día que me sienta orgulloso de ustedes.

A ti, que viste mis más agudos procesos, la que observaste cada cambio que ocurría en mi vida, la que muchas veces mantuviste silencio y te quedaste a mi lado solo acompañándome, la realidad es que eso era lo que necesitaba. Gracias por tu empatía, por tu apoyo incondicional, por darme ánimo y demostrarme con tu ejemplo lo que es seguir adelante a pesar de los porque y los cómo. Gracias esposa por acompañarme en cada proceso y etapa durante este hermoso ministerio llamado la pastoral. Vivo enamorado y agradecido.

Dios, gracias por hacerme entender lo que significa: "Aunque pase por el más oscuro de los valles, no temeré peligro alguno, porque tú, Señor, estás conmigo; tu vara y tu bastón me inspiran confianza" Salmo 23. 4 DHH. Tu fidelidad mi Dios fue y es la fortaleza en mi vida por eso mis labios siempre te alabaran.

# CONTENIDO


| | |
|---|---|
| Prólogo | 8 |
| Endoso | 10 |
| Introducción | 11 |
| Punto de quiebre | 14 |
| Eventos | 17 |
| Cuando golpea, lo hace fuerte | 20 |
| Un campo minado y sin mapa | 22 |
| Una cartera vacía | 25 |
| Un "bip" cada segundo que no deja dormir | 29 |
| Bajé a la sima | 32 |
| Su mano me sostiene | 34 |
| Me recetaron espejuelos | 42 |
| Me acerqué y mira lo que encontré | 45 |
| Le dejé los súper héroes a Marvel y DC | 49 |
| La riqueza se encuentra en aplicar los consejos | 53 |
| De los extremos al centro | 60 |
| Lo que presencié cambió mi vida | 70 |
| La letra M se hizo una melodía en mí | 76 |
| Una "I" muy particular | 80 |
| Dame la E... | 83 |
| Letra L, el tesoro más preciado es la libertad | 87 |
| Una pastoral sobre la cuerda floja | 89 |

# PRÓLOGO

"En la cuerda floja", expresión rimbombante que denota la incertidumbre devengada de la preclara ejecutoria de las abocadas peripecias del derrotero existencial.  Así como resulta extraño el vocablo utilizado para definir el título de este escrito, lo que leerás a continuación trata sobre aquellas situaciones, circunstancias que el diario vivir pone en nuestro camino.  Caminar en "la cuerda floja", también llamado "funambulismo", es la habilidad de caminar por una cuerda o alambre delgado, se asocia comúnmente con el circo.  También se usa metafóricamente para cuando se intenta equilibrar puntos de vista opuestos. Cuando oímos, "en la cuerda floja", viene a nuestra mente el enfrentar realidades individuales que nos retan.

El autor de este libro nos comparte sus andares por el camino de la vida, el sortearlos, evadirlos, ignorarlos, enfrentarlos. Poder entender que cada forma en que reaccionemos nos traerá unos resultados.  Es pues, necesario, entender estos procesos para atenderlos de manera efectiva y eficaz. Caminar "sobre la cuerda floja" implica el equilibrio en nuestra existencia, donde sobresale, lograr resultados razonables, adecuados y útiles. El ropaje, aquellas cosas que adornan, delimitan, aportan y distinguen nuestro carácter de acróbata lo hace interesante, ya que esto viabilizará el recorrer "sobre la cuerda floja" permitiendo que se llegue al final de manera sabia, alegre y responsable. En estas páginas sentirás como te identificas emocional, espiritual y físicamente con la travesía del balancearte en los distintos escenarios de la realización personal. Adelante lector, "sobre la cuerda floja", que así nos ayude Dios.

-Pastor Ramón Santiago Colón

# ENDOSO

En el caminar encontrarás personas transparentes y apasionadas que alumbran tus pasos con tan solo ser. Personas que te brindan un consejo sabio en tus aciertos y desaciertos; te acompañan en el camino mirando al Invisible. Personas que ven a Dios en cada detalle que los rodea, desde la mirada de un niño hasta en los ojos feroces de un toro; te hacen saber que Dios está tan cercano. Gracias Carlos por ser esa persona con un corazón enseñable, que nos acompaña y pastorea; gracias por siempre estar dispuesto a dar lo que has recibido por gracia. Afirmas en tu andar las palabras de Martin Luther King Jr. "Si ayudas a una sola persona a tener esperanza, no has vivido en vano".

-Pastora Leidi Ann Meléndez Zambrana

# INTRODUCCIÓN

Muchos de nosotros hemos tenido la oportunidad de ir al circo o ver en televisión a los equilibristas en el acto de caminar por la cuerda floja. Este acto genera gran tensión tanto en el que lo practica como en aquellos que en vilo esperan que la persona pueda pasar sano y salvo de un extremo a otro de la cuerda. El acto de caminar sobre la cuerda floja requiere guardar equilibrio. El equilibrista tiene que asegurarse que su centro de gravedad esté directamente encima de la soga. Si la persona inclina su cuerpo hacia un lado o hacia otro perdemos el balance. Cuando una persona anda por la cuerda floja, se entiende que es porque está atravesando un momento de su vida en el cual está en riesgo o peligro. En ocasiones, la cuerda de nuestra vida se afloja por diferentes situaciones y sentimos que perdemos el balance y por ende, el control. Esto nos puede llevar a experimentar una serie de reacciones en nuestro cuerpo de las cuáles no tenemos explicación inmediata.

Sobre la Cuerda Floja nos habla de las experiencias de un pastor ante la súbita aparición de episodios de ansiedad y ataques de pánico en su vida. El Reverendo Carlos Rafael Collazo Pérez nos lleva en un viaje de sus vivencias en el ministerio pastoral. La búsqueda de causas y explicaciones, la crisis que desencadenó en su persona y el efecto que tuvo en su familia. Conoceremos el relato del incremento de dichos episodios y de cómo aún en medio de la crisis, se aferró a la gracia de Dios. Proceso que lo llevó a una introspección de su vida e identificar la sobrecarga que arrastraba. Habla del hecho de que, en ocasiones, los ministros se embarcan en una travesía sin pausa "en el nombre de Dios" y que como están inmersos en hacer lo que "les corresponde", no sufrirán agotamiento alguno.

En este momento de la historia, es cuando Dios lo detiene todo para intervenir de la forma y manera que solo Él lo sabe hacer. Una hospitalización de emergencia que ocurre justo cuando se dirigía con su familia a un retiro nacional de jóvenes. Allí en el hospital, el Reverendo Collazo tiene una experiencia intensa y transformadora la cual conocerán a medida que lean el libro. Dios utilizó un evento para muchos desagradable para llevarlo de la sima a la cima. A reflexionar sobre su ministerio pastoral y, sobre todo, a experimentar la sanidad. Una vivencia con Dios de restauración y de reinicio de su llamado, de su jornada y de su ministerio.

Veremos la reflexión pastoral sobre las nociones que en ocasiones tiene la iglesia en relación con la ansiedad, los ataques de pánico y cómo se trata de solucionar o manejar el asunto. En el libro se nos muestra varios casos en la escritura de personas que enfrentaron o experimentaron eventos traumáticos y cómo Dios trabaja con cada uno de ellos. El pastor Collazo nos enumera varios consejos prácticos que se desprenden de los pasajes de la biblia a los cuales hace mención.

Sobre la Cuerda Floja es un libro que se convertirá en una herramienta útil para pastores, líderes y hermanos en la fe que atraviesan por situaciones relacionadas a la ansiedad y a los ataques de pánico. Un tema que cada día afecta a la cristiandad y a la sociedad en general. Oro al Señor que todo aquel que lea este libro sea ministrado tal y como lo ha sido su autor, así como aquellos que hemos tenido la bendición y el privilegio de Dios de leerlo. Acompáñanos en su travesía Sobre la Cuerda Floja.

Wilfredo Torres Mercado, M.Ed.

# Punto de quiebre

Un martes del mes de marzo de 2018 a las 10:00 de la mañana, mientras compartía el estudio bíblico en la Iglesia Evangélica Unida de Juana Díaz, comencé a experimentar unas reacciones extrañas en todo mi cuerpo. Aun así, continué llevando a cabo el estudio.

Mientras los minutos pasaban, las reacciones aumentaban y se añadían otras. Sentía palpitaciones aceleradas en el corazón sin ningún motivo aparente. Sin darme cuenta, mi mente se saturó de pensamientos que no podía controlar, dificultad para respirar, malestar estomacal, náuseas, dolor en el brazo izquierdo, dolor de pecho, vista nublada, garganta seca, debilidad de la cintura hacia abajo, ojos desorbitados.

Sentía estos síntomas mientras continuaba dando el estudio bíblico, hablando y procesando todo lo que me estaba ocurriendo. Pensaba que estaba haciendo lo que me gusta, lo que llevo haciendo por los pasados 18 años como pastor. Para mí no era nuevo lo que hacía, ni siquiera el pasaje estudiado generaba controversias que propiciaran debates acalorados.

Al finalizar el estudio bíblico, le pedí a un hermano que me llevara al hospital. Nos montamos en el auto y salimos rumbo al hospital municipal de Juana Díaz, que está cercano a la iglesia. Tardamos alrededor de 7 a 10 minutos en llegar al hospital, ya que había congestión vehicular debido a los arreglos que se hacían en las áreas cercanas al casco urbano luego de transcurridos siete meses del paso del huracán María por Puerto Rico.

Mientras íbamos en el auto, el hermano me hablaba de todo un poco, yo lo escuchaba tratando de minimizar los pensamientos desenfrenados y descontrolados que tenía. Llegamos al hospital municipal y al escuchar mis síntomas me dieron asistencia médica rápidamente para descartar cualquier ataque cardiaco. Me acostaron en una camilla, hicieron un electrocardiograma, me sacaron sangre, realizaron pruebas de glucosa, en fin, todos los procesos que se podrían hacer para tratar de averiguar qué me estaba ocurriendo.

Pasado un tiempo se acerca una enfermera y me dice: "Tranquilo todo va a estar bien, he visto esto todos los días desde el huracán María para acá". Aun así, no me daba un diagnóstico. No sabía por qué me ocurrían estos síntomas y lo peor era que no podía controlarlos.

No habían pasado diez minutos de haber llegado al hospital y de estar acostado en la camilla cuando comienzo a sentir otro episodio. Llamé a la enfermera para decirle que habían regresado los síntomas, y ella me responde: "debes tratar de tranquilizarte, no te va a pasar nada, tú estás bien". Aquellas palabras eran muy oportunas, pero en ese momento eran como un vaso de agua para tratar de apagar un fuego en un bosque.

Los minutos pasaban y los síntomas comenzaban a aminorar su intensidad. Unos cuarenta minutos más tarde llega el doctor y me dice: "Todo está bien, los estudios y laboratorios están bien, puedes irte a tu casa o continuar con tus tareas, debes ver a tu médico primario y entregarle estos resultados para que él te envié a hacer otras pruebas".

Surgieron preguntas en mi mente: ¿Qué fue lo que me ocurrió? ¿Por qué me pasó? ¿Qué es lo que tengo? ¿Es alguna condición cardiaca? En realidad, ya estaba calmado, me sentía débil, cansado, sin fuerzas... pero muy consciente de lo que me había ocurrido. Trataba de buscar una posible causa para lo ocurrido, pero no la encontraba. Así que continúe con mis labores pastorales del día.

# Eventos

Imagine que una vez a la semana tenga que experimentar los mismos episodios sin saber por qué, que una vez al mes termine en la sala de urgencias porque no pudo controlar lo que te ocurría y que al final del día todos los resultados reflejan que estás bien. Piense que la visita al doctor significa hacer una varios de exámenes y que todos ellos reflejan que físicamente estás bien, que había que tener ciertos cuidados y atenciones que, aunque no estaban vinculados con lo que ocurría, valía la pena atenderlos, pero en general, todo estaba bien. Se genera mucha incertidumbre al tratar de entender lo que ocurre. A eso se añade que en medio de este desierto solo se escucha silencio de parte de Dios.

Fueron noches largas, en las que todos mis sentidos estaban al extremo. En mis oídos sentía un sonido constante en las noches, un chillido que no me dejaba dormir, sentía los latidos del corazón acelerados y fuertes. Comencé a hacer respiraciones cortas. Esto agravó considerablemente la ansiedad que sentía.

Por otro lado, no podía darme el lujo de quedarme en casa, debía seguir llevando a cabo las funciones pastorales y continuar con los compromisos. Salir de mi hogar era exponerme a que los síntomas se manifestaran. Es algo horrible no saber qué te ocurre y las personas que te atienden no logran descubrir lo que le ocurre a tu cuerpo.

Cada hora, me arrojaba a la cama a orar y llorar buscando una respuesta de Dios. Trataba de entender lo que me estaba ocurriendo. Pero no encontraba respuesta a lo que me ocurría, solo una poderosa paz inundaba mi vida en los momentos de la más cruda fragilidad que el ser humano podría experimentar.

Era en esos momentos de angustia que buscaba respuesta para poder controlar la desesperación. Clamaba a Dios diciendo: ¡Dame paz! Buscaba una paz que no era mágica, que no era el producto de mi fe, ni de mi tiempo como pastor, que no estaba ligada a vivir desde el nacimiento en la iglesia, una paz que llenara no solo mi vida, sino también mi cuarto y mi casa, una paz que corriera cual río lleno de vida. Y llegó una paz que no entendía cuán rápidamente entraba a mi vida, recorría todo mi cuerpo y en cuestión de segundos ya estaba totalmente tranquilo.

Mi vida se llenaba de la paz de Dios solo por su gracia, por su misericordia y por su amor. Solo porque Dios lo hacía. No tenía ningún mérito o acciones guardadas que pudieran propiciar que esa paz inundara mi vida. Aprendí a abandonarme en sus manos.

# Cuando golpea, lo hace fuerte

Sin importar lo que hiciera, a donde fuera siempre cargaba con una o dos botellas de agua. No sé cuántas onzas de agua me tomaba al día. Incluso hubo un periodo de ocho horas en que me tomé un galón de agua completo y dos horas más tarde estaba deshidratado. Recuerdo que le comentaba eso a un compañero pastor y éste me dijo: "Pues claro que te vas a deshidratar, si estás eliminando las sales que necesita el cuerpo y no las estás reponiendo". Imaginen mi sorpresa al enterarme de que solo por beber agua podría deshidratarme. La alternativa que consideré que podría ayudarme, lo hacía, por un lado, pero de otra manera me podría afectar considerablemente. Así que debía hacer un balance hasta con el agua que tomaba.

Ocurría que utilizaba el agua como un medio para evitar los episodios, pues al sentir que me faltaba el aire y que no podría respirar, tomaba agua supuestamente para garantizar que no había ninguna obstrucción en mi garganta para que el aire llegara a mis pulmones. Así que cada vez que tomaba agua me decía a mí mismo: todo está bien, puedo respirar bien.

Por otro lado, salir y que se acabara el agua significaba que en cualquier momento podría presentarse un nuevo evento que no pudiera manejar. Es fuerte llegar al punto de salir a hacer compra y no lograr terminarla porque de pronto, sin darme cuenta, todos los síntomas comenzaban a manifestarse sin que supiera por qué y más aún, sin poder controlarlo.

# Un campo minado y sin mapa

Entrar con la familia a un centro comercial y decirles que no podía continuar porque me sentía mal era suficiente para cambiar mi ánimo. Con mucha empatía, ellos me decían: "Papi, no hay problema, nos vamos para casa, lo dejamos para cuando te sientas bien". Pero en esos momentos tomé la decisión de exponerme y entrar al centro comercial. Cada paso era una aventura, una conciencia extrema de los latidos rápidos y fuertes de mi corazón, de la resequedad en la garganta y la debilidad en mis piernas. Cada paso significaba agudizar más en los síntomas. Pero a la vez me decía: "Mira que te mando que seas valiente, no temas, no desmayes, todo lo podemos en Cristo que nos da fortaleza, solo su gracia basta, solo su gracia es suficiente, yo estoy bien, no va a pasar nada, lo voy a superar".

Llegamos al acuerdo de que yo los llevaba al centro comercial y me quedaba sentado en un área específica y cuando ellos deseaban regresar a la casa me enviaban un mensaje. De esta manera enfrentaba estos eventos mientras ellos lograban tener su tiempo de esparcimiento y disfrute tan necesario para su edad. El momento en que comencé a enfrentar cada día y a cada paso estos eventos no significaron que desaparecieran. Continuaban ocurriendo semanalmente y a cada momento. Ocurrieron mientras predicaba, mientras visitaba hogares. En una ocasión ocurrieron mientras dialogaba con un mentor pastoral, quien me llevó al hospital y permaneció conmigo hasta que me dieron de alta, pero como siempre, nadie sabía qué me había pasado.

Recuerdo una tarde, haber ido a predicar a una actividad de jóvenes, fue una experiencia muy interesante y particular porque durante toda la adoración me sentí bien. Pero tan pronto comencé a saludar para introducir el tema de la predicación se manifestaron los síntomas como un río descontrolado. Tratar de controlar los pensamientos fue un gran reto. Recuerdo que les pedí una silla por la debilidad que sentía en mis piernas y me consiguieron también un atril donde puse mi biblia y los apuntes. Comencé la predicación que duró alrededor de 45 minutos y para ser honesto, no sé cómo logré finalizarla. Terminé y todos los síntomas se calmaron, desaparecieron. ¡Gloria a Dios! Tal vez, pero en realidad eso añadía una carga adicional. ¿Y si se manifiestan estos síntomas cada vez que voy a predicar?

Al finalizar el culto, varias personas se me acercaron para felicitarme por la predicación. Una de ellas me dijo: "El verlo y escucharlo predicar sentado en la silla fue algo tan personal, fue como tenerlo en la sala de mi casa y que usted estuviera hablando conmigo. El escucharle sentado en la silla fue imaginar al maestro en la barca hablando con los discípulos. No sabía que usted, además de predicador, fuera maestro. Me encanto la dinámica de esta noche".

Esas palabras provocaron mucha reflexión en mi vida sobre cómo Dios se glorifica por medio del ser humano cuando, aun en su fragilidad, vulnerabilidad y humanidad, decide creerle y abandonarse en sus manos. No fue un momento de conflicto ni con Dios ni con la fe. Fue un momento de silencio, de tratar de entender el amor del Padre hacia mí. Fue tiempo de pensar en cómo en esta etapa de mi vida, viviendo y experimentando estos eventos, lograba ver a Dios sosteniendo mi vida, aunque no me dijera qué pasaba ni por qué ocurría.

Me monté en mi auto y de camino a mi casa comencé a llorar. Pensaba en cómo Dios se mueve a pesar de los factores en mí contra y cómo trae una palabra nueva, fresca y transformadora. Meditaba en cómo en medio de una situación completamente ajena, su gracia me arropa y su mano me sostiene.

De regreso a mi hogar no puse música, no hice llamadas, solo me dediqué a escuchar el silencio de Dios. Un silencio que llevaba días, semanas, meses; un silencio que me decía muchas cosas.

# Una cartera vacía

¿Alguna vez ha contado con algún dinero para comprar algo que necesita y cuando va a sacarlo de su cartera se percata de que no lo tiene? No sabe en qué lo gastó, no tuvo ningún control de este, no recuerda cuándo lo utilizó.

Nacido y criado en el evangelio, la vida de la iglesia ha sido mi pasión siempre. Jugué *baseball* y recuerdo muy bien que cada domingo los padres de mis compañeros de equipo fueran a buscarme a la iglesia para ir a jugar. Los viernes, mientras otros disfrutaban de diversas actividades sociales, yo me encontraba en la iglesia. En ocasiones, dejé de asistir a actividades sociales de mis compañeros de escuela, porque la realidad es que me encanta estar en la iglesia.

Pero esa realidad no me daba méritos para considerar que fuera inmune a las pruebas, crisis y situaciones inesperadas. Durante mucho tiempo fui educado siguiendo diversos modelos del pastorado. Y aun cuando consideraba que mis destrezas en predicación, estudios bíblicos, charlas, dinámicas habían mejorado considerablemente, sentía que algo estaba ocurriendo.

Sin darme cuenta me estaba desgastando. Durante años estuve muy activo en las actividades de la iglesia, de la denominación, con los jóvenes de la iglesia local y nacional. En mi vocabulario no existía un no, mucho menos para Dios.

Esa sobre exposición y desbalance hacía que poco a poco se fuera vaciando mi depósito. No me arrepiento de lo realizado en mi vida, al contrario, si no llegaba a ocurrir estas líneas no se hubieran podido escribir. Sin embargo, entiendo que aprendí la lección. Hay momentos en que debemos hacer un alto en nuestras vidas. Como llevaba muchos años sin hacerlo, las circunstancias propiciaron el surgimiento de mis condiciones.

Luego del paso de los huracanes Irma y María, las vidas de gran parte de los integrantes de la pastoral y el liderato laico fueron reajustadas por la carga y sobre exposición de un llamado que nos invitaba a responder. En esos primeros tres meses luego del huracán, recibí más abrazos que en todo un año, acompañé a tantas personas que lloraron sobre mi hombro. Vi tantas personas que dormían a la intemperie con sus pocas pertenencias amontonadas, caminé buscando ropa, alimentos, medicinas, artículos de primera necesidad. En fin, fue un constante caminar diario.

Ir a los refugios, a los hogares destruidos, salir a buscar lo que sea y descubrir que no había nada para entregar, ver personas conformarse solo con tener baterías doble A, me hacía sentir impotencia y me quitaba fuerzas para lidiar con la desesperación de tantos.

Para esos escenarios nadie nos prepara, nadie enseña destrezas y estrategias para administrar las energías, la salud, las fuerzas. Podría decir que el choque constante de adrenalina me hacía caminar y que el amor de Dios era lo que me impulsaba a levantarme día tras día para ayudar a las personas que estaban en una situación desventajosa.

Mientras todo eso pasaba, Dios hacía silencio y me dejaba seguir actuando desenfrenadamente. Imagino a Dios observando y diciendo: "vamos a ver qué va hacer este muchacho ahora, míralo, otra vez salió de su casa". Fue ese cúmulo de tareas nuevas que se unieron a las ya existentes lo que me expuso a responder sin descansar correctamente, sin bajar la velocidad. Sin darme cuenta cometía el grave error de considerar que por hacer lo que hacía para Dios y por Dios, no sufriría ningún desgaste.

Amado y amada, el artífice de la debacle no fue Dios, no fue el enemigo, no fue el mundo... solo fui yo el arquitecto de lo que me pasaba. Me estaba vaciando poco a poco sin tener una fuente de repago, todo eso se fue acumulando hasta que la factura llegó y no tenía provisión para pagar la deuda.

Sin embargo, ya Dios preparaba el escenario para pagar y cancelar, para transformar y sanar. Era el escenario para que pudiera aprender y entender, para crecer y desarrollar, para entender que no debía guardarme esta experiencia sino atreverme a ser honesto conmigo y compartir que caminaba por una cuerda floja

# Un "bip" cada segundo que no deja dormir

A pesar de lo que ocurría continuaba trabajando y adaptándome a sobrellevar lo que me pasaba. Había ido al doctor y éste me dijo: "todo sale bien, pero si te llegara a dar otro episodio quiero que vayas a este hospital en específico".

Pasaron las semanas y había ayudado a coordinar con los líderes de los jóvenes un retiro nacional. Había trabajado en la planificación de los recursos, las actividades y toda la logística de la actividad. Estaba muy emocionado pues sería la primera vez en que mis tres hijos junto a mi esposa asistirían a un retiro de tres días. Toda mi familia disfrutaría de un fin de semana de encuentro junto a otros jóvenes de diferentes pueblos de Puerto Rico.

Fue algo muy curioso lo que ocurrió ya que ayudé a coordinar las actividades y recursos de tal manera que mi participación fuera mínima. Ahora que lo pienso bien, Dios tenía otros planes muy interesantes para mi vida.

Quizás ya se imaginan lo que pasó. Mientras dejaba unas cosas en la iglesia para luego salir hacia el lugar del campamento, de pronto mi cuerpo comenzó a experimentar nuevamente los síntomas, pero esta vez no pude controlarlos. Ni el agua, ni las respiraciones profundas lograban hacer efecto. Fue tan fuerte que me monté en el auto para ir lo más pronto al hospital que me había recomendado el doctor.

Ya en el hospital comienzan a hacer estudios y análisis cuando el doctor de sala de emergencias me dice: "amigo, todos los estudios están bien". Ya estaba bajándome de la camilla cuando me dice: "Pero hablé con tu doctor y te vas a quedar unos días, para hacer unos análisis más profundos para saber qué es lo que ocurre".

Miré el techo del hospital y me dije: "Dios mío, el retiro". Respiré profundo y dejé todo en las manos de Dios. Ya no tenía control de mi cuerpo, de lo que planificaba, de lo que deseaba hacer ni donde estar. No podía controlar mis decisiones, en fin, no controlaba nada. Ahora dependía de que otro lograra descubrir lo que pasaba.

Me pusieron oxígeno, un parcho en un brazo y comenzaron los estudios, las pruebas, los análisis, hasta me conectaron una serie de cables en el pecho para monitorear constantemente el corazón.

Mientras esperaba para ser trasladado a un cuarto, llamé a mi esposa para explicar lo que estaba ocurriendo y ambos llegamos a la decisión de que ella y nuestros hijos fueran al retiro. La realidad es que ellos estaban muy emocionados por la actividad, además de que mi esposa no se podría quedar conmigo en el hospital.

Entendimos que lo mejor era continuar con los planes que ya teníamos. Unas horas más tarde comenzaron a llegar varios hermanos de la iglesia y mis padres junto a mis hermanas para darme ayuda y proveerme de varias utilidades que debía tener.

Un cuarto vacío, con dos camas y dos sillas, el frío arropaba todo el cuarto, una sola ventana que apenas entraba la luz del sol y una pared color gris me servían de panorama. Este sería mi nuevo espacio por un tiempo.

Ya solo en la habitación, cuando el silencio comienza a dejarse sentir con todo su poder, me dije: "Dios tiene el control. Estoy en sus manos. Aunque no lo entiendo tú tienes un propósito para esto. Trataré de dormir y descansar".

Entonces me percato de una de las máquinas con su "bip, bip, bip" cada segundo, cada minuto, cada hora. No había manera de descansar ni de dormir.

# Bajé a la sima

En la soledad de la habitación del hospital, comienzo a hacerme preguntas incómodas: ¿Por qué estoy aquí? Comencé a dejar a un lado las reacciones y los cambios que ocurrían en mi cuerpo como la razón para desviar de mi mente el proceso de ser honesto conmigo mismo.

Me decía: No importa lo que encuentren, de aquí voy a salir con una experiencia con Dios que marcará mi vida de una manera diferente. En realidad, ser pastor es lo único que he hecho toda mi vida, es lo único que me gusta hacer y aunque ahora no lo comprendo, esto tendrá una experiencia de crecimiento y una vivencia de sanidad en mi vida.

Continúe haciéndome tantas preguntas, la mayoría de las cuales no lograba contestar. De algo estaba muy seguro, el lugar donde sentía que me encontraba no tenía más pisos hacia abajo. Mi única opción era comenzar a dar pasos hacia arriba. Entré a un proceso de reconciliación conmigo mismo. Continúe haciéndome preguntas sin escapar de ellas. Sin contestarlas me preguntaba: ¿Qué hice para llegar a esto? ¿Qué deje de atender? ¿Dónde fui descuidado? Muchos posibles escenarios inundaban mi mente. Era necesario confrontarme y entender qué factores fueron los determinantes para que perdiera el control de todo.

No niego que en ocasiones fue incómodo, pero también era refrescante reconocer algunas respuestas para así poder actuar diferente. No pasaba un momento en que dijera: "Dios tiene todo bajo control, yo estoy en sus manos y veré su gloria". Esas afirmaciones constantes, unidas al deseo de renovación personal y ministerial, me impulsaban a aceptar cualquier condición o diagnóstico. La soledad me invitaba a retirarme con Dios. Así que eso hice.

Entonces observo lo que tenía a la mano, una computadora, un teléfono inteligente con acceso a internet, dos libros y varias películas. Algo en mi corazón me decía: no viniste hasta aquí para ser el mismo. Cuando salgas no puedes continuar en la misma rutina que te trajo hasta aquí. Identifica y cambia, reconoce y aprende, descubre y sana. Comencé a animarme afirmando que los pequeños pasos de hoy comenzarán a crear los grandes proyectos de mañana. Así que decidí hacer de esta experiencia mi propio retiro, mi propio encuentro con Dios.

# Su mano me sostiene

### El primer paso hacia la cima

El tener que ser hospitalizado de emergencia me provocó mucha reflexión y análisis. La mayor parte del tiempo estaba solo en el cuarto. Esto me sirvió para orar, pensar, orar más, meditar y seguir orando. Tuve un buen momento de desahogo y catarsis, descubrí mi vulnerabilidad, me topé con mis fracasos, choqué de frente con mis eventos inconclusos.

Es irónico, pero a pesar de que no podía dormir por los equipos, cables y sonidos de las máquinas, fue en esa soledad que pude descansar. Llegó un momento en que, arrodillado en la silla del cuarto, me conecté con Dios tan cerca que varias personas que entraron al cuarto luego me dijeron que al verme dormido salían en silencio del cuarto. Esa experiencia fue interesante, sobrenatural y muy intensa.

Al poco tiempo de tener esta experiencia de encuentro con Jesús, recibo una visita que marcó mi vida. Entró una persona a visitarme al cuarto. No se identificó por su nombre, solo me dijo: El Señor me envió para hablar contigo. Esas palabras me llenaron de paz y de mucha tranquilidad.

Me gustaría explicar esta experiencia de tal manera que captaran por completo lo que allí ocurrió. Solo se me ocurre que horas antes había llegado un doctor para decirme cómo salieron los resultados del laboratorio y me explicaba los valores de estos. Pero lo que ocurrió con esta visita fue tan sublime, tan revelador, que no me quedaba ninguna duda de que Dios había tomado el control de lo que estaba ocurriendo y de mi vida. Aquel hombre comenzó a leerme de tal manera que no pasó desapercibida ninguna parte de mi vida.

El Dios que se mueve y acompaña a través de las edades estuvo pendiente de mi vida al punto de relatarme todo sin olvidar ningún detalle. No hubo lágrimas, no hubo manos levantadas al cielo. Solo presté atención porque para comenzar a sanar hay que bajar la velocidad, para comenzar a crecer hay que comenzar a atender, para poder aplicar debemos comenzar a aceptar.

La experiencia vivida me invitó a ver y reconocer al Dios que por muchos años he predicado pero que ahora me estaba tratando de la misma manera en que lo prediqué por tantos años. Me trato con amor, con misericordia, con aceptación, el Dios del pacto y de la alianza no me estaba juzgando ni señalando, no me estaba corrigiendo ni exigiendo. Me estaba trasformando con su amor, misericordia y compasión.

Esa manera de Dios obrar, prestándome atención de una manera especial, provocó que de mi mente se fueran los pensamientos de fracaso y abandono, de sentir que este llamado había caducado y llegado a su fin. Mientras las páginas de mi libro personal ya habían finalizado, el maestro venía con un nuevo libro para ser llenado de nuevas experiencias. Dios estaba sanando mi mente, mi corazón, mis emociones, mi cuerpo. Finalizó sus palabras diciéndome: "No te acostumbres, ni te acomodes porque te vas muy pronto, vas a hacer lo que siempre te ha gustado, estar entre la gente". Lo vivido fue algo único, especial y solitario.

Varias horas después llegó al cuarto un paciente, Don V, una persona con múltiples condiciones de salud, cuyo estado no le permitía casi respirar. Me levanté de la cama y me dirigí a la estación de enfermeras a pedir ayuda para Don. V. Cuando regresé le dije: "La ayuda pronto viene". Luego lo miré, observé todas sus complicaciones físicas y le dije: "Puedo orar por ti". Me dijo: "sí, por favor".

Comenzamos a dialogar un poco. Mientras intercambiábamos palabras, Jesús me inquietaba y me decía: "quiero que me presentes con él". Mientras el diálogo continuaba, Jesús iba entrando más y más en nuestra conversación y aquella oración que comenzó por sanidad y bienestar para su vida, continuó como una oración de acercamiento a los brazos de Jesucristo y finalizó en una reconciliación de Don V. con el Padre Celestial. ¡Gloria al Señor!, una vida se acercó a Dios.

El ambiente del cuarto se hizo diferente, seguía orando e intercediendo por mi familia y los jóvenes que se encontraban en el retiro. Debo confesarles que no vi televisión, ni las películas. Solo oraba y meditaba.

Don V. ya estaba más calmado, se sentía y se le observaba tranquilo. Al pasar las horas vinieron a cambiarlo de cuarto. Me estuvo un poco curioso que después de acomodarlo en la habitación se lo llevaran así que me quedé solo en aquel cuarto frío y lleno de ruidos incómodos.

A la mañana siguiente llegó al cuarto Don J y lo único que se escuchaba era: "quiero irme de aquí, yo no quiero estar aquí". Me levanté, fui a conocerlo, y luego de presentarme le digo: "Me dejas orar por ti". Don J respondió: "quiero irme, quiero dormir, tengo muchas complicaciones por mi salud y no puedo descansar, no puedo dormir, el no poder dormir me pone de mal humor, me pone violento. Ya tu vez hasta mi esposa me dejó solo".

Luego de escucharlo le dije; "¿deseas que ore por ti para que puedas dormir y descansar?" Antes de orarle nuevamente Jesús me dice al corazón que lo presentara con él. Le hablé acerca de Jesús y luego le dije; "¿Te gustaría aceptar a Jesús como tu salvador?" Me miró con ojos llenos de lágrimas y con su rostro me dijo que sí. Oramos, y a los minutos de finalizar la oración se quedó dormido por casi tres horas.

Cuando despierta Don J. le pregunté cómo se sentía. Me responde que muy bien, que la oración hizo efecto y que pudo descansar. Varios minutos más tarde aparecen dos enfermeros y le dicen a Don J. que lo iban a trasladar a otro cuarto. Yo no podía hacer nada, solo entender el proceso que Dios había diseñado para estar en silencio y soledad así que me despedí de Don J.

Ya entrada la tarde recibo la visita de un doctor que me dice: "Vamos a hacerte varios exámenes, así que ve preparándote porque vas a estar aquí por lo menos cinco días más". No tenía otra opción nada más que esperar a que todos los estudios se llevaran a cabo y por fin descubrir qué me estaba ocurriendo.

Pasaba el tiempo y meditaba en todo lo que ocurría, los mensajes de texto de los jóvenes llegaban a cada rato, en ellos me enteraba de cómo su liderazgo se formaba y se afirmaba en la ejecución y misión. La noche siguiente, fue muy tranquila y además de dormir, pude descansar no solo físicamente, sino que también sentía que descansaba en las manos de Dios.

Al día siguiente muy temprano en la mañana entra el cardiólogo y me dice: "Cuéntame, dime qué es lo que está pasando contigo, que no encontramos el por qué te está pasando esto". Comienzo por contarle todo con lujo de detalles. Luego de escucharme el doctor se inclina hacia mí y me dice: "¿Tú has escuchado alguna vez hablar sobre los ataques de pánico y ataques de ansiedad?" Le dije que no, y le pregunté cuáles eran los síntomas. El doctor se inclina y me dice: "Exactamente todos los que me has descrito" Luego me pregunta: "¿A que tú te dedicas, en qué trabajas?" Le dije: "Yo soy pastor".

A lo que él me responde: "Sabes que tu profesión es muy drenante, extensa e intensa, y si has acumulado mucha presión por algún lado va a salir. Así que mi recomendación es que visites a un psicólogo cristiano para que te ayude a enfrentar estos episodios de ataques de pánico y ansiedad que se manifiestan en tu vida". El doctor abandonó tranquilamente el cuarto, pero tras su paso dejaba a una persona muy intranquila conectada a monitores, sueros y acostado en una camilla.

Honestamente, esperaba cualquier otra cosa menos esto. Sentí como si mi vida se detuviera de un solo golpe, como si el camino llegara al final. Como si todo lo que había hecho y dedicado mi vida finalizara de golpe. Llegué a pensar que debería buscar otro trabajo, que esta situación me descalificaba para continuar como pastor. En mi desesperación, recurrí a los brazos del Padre. Mientras las lágrimas bajaban por mi rostro, la presencia de Dios comenzaba a inundar mi vida trayendo paz y tranquilidad. Mi vida se inundaba de su palabra: "No temas, Yo te llamé, Yo te escogí, Yo te puse nombre, mío eres tú, cuando pases por las aguas estaré contigo, cuando pases por el fuego no te quemarás, (Isaías 43. 1-2). Solo mi gracia basta, solo mi gracia es suficiente para glorificarse en tus debilidades (2 Corintios 12.9)". Ante esa incertidumbre, no tenía más que abandonarme nuevamente en los brazos de Dios y afirmar que yo le seguiré pase lo que pase.

El silencio fue interrumpido por mi esposa que me enviaba un mensaje diciendo: "Ya estamos en la oración final, luego almorzamos y bajamos". Al finalizar de leerlo, entra el doctor que me hospitalizó y me dice: "Bueno, recoge que regresas hoy a tu casa". Yo me quedé: "Pero, pero ¿qué pasó aquí"? Él me contesta: "Tus análisis están bien, no hay razón para que te quedes aquí, te veo en mi oficina en la semana".

Cuando comienzo a prepararme para abandonar el hospital entra al cuarto el caballero que Dios utilizó para hablar a mi vida y me dice: "Te dije que no te acomodaras ni te acostumbraras, ve a hacer lo que te gusta". Las palabras que me habló Dios por medio de aquel hombre fueron tan reveladoras, liberadoras y sanadoras para mi vida, que a pesar del posible diagnóstico al que me enfrentaba me inspiraron a retomar mi vida y ministerio, pero ahora desde un nuevo enfoque. Sentía mucha paz, seguridad y de alguna manera reconocí que también había estado ese fin de semana en un retiro.

# Me recetaron espejuelos

Pasaron varias semanas desde que fui dado de alta. No había sentido ningún síntoma ni había tenido ningún otro evento como los anteriores. Me sentía muy bien, había regresado a la normalidad. Logré sacar una cita con una psicóloga cristiana. La verdad es que son instrumentos de Dios. En esa primera visita descubrí muchas cosas. Una de ellas es que sí, lo que padezco son ataques de pánico y de ansiedad. Y que los mismos son acumulativos por exceso de trabajo, presión, eventos traumáticos y en algunos casos "explosiones de adrenalina". Cuando la psicóloga cristiana comienza a decirme esas cosas era como si estuviera leyendo mis últimos meses y yo marcando en una libreta, lo tengo, lo tengo, lo tengo…

Ella me preguntó: "¿a qué te dedicas?" Le respondí: "soy pastor". Ella me dice: "tienes una profesión hermosa, tan hermosa que para esto se nace, es tan hermosa que es Dios mismo quien te llama y te va preparando poco a poco. Esto no se trata tanto de habilidades o capacidades sino de llamado y pasión, de compromiso y entrega. Lo demás se aprende y se desarrolla en el camino y la práctica". Yo continuaba escuchando y anotando en una libreta.

Ella me dice: "Ser pastor es algo tan curioso porque se les exige tanto, pero se les reconoce muy poco. Se les demanda un 24/7 cuando ni el propio Jesús lo hizo. ¿Cuéntame, cuáles tú consideras que fueron los factores detonantes para llegar a tener estos ataques de pánico y ansiedad?"

Comencé a contarle lo que a mi entender eran los detonantes acumulativos que me llevaron a manifestar lo que ahora descubro que fueron los ataques de pánico y ansiedad. Luego del diálogo, ella me responde: "Los ataques de pánico y ansiedad les pueden ocurrir a todas las personas. Muchas de ellas han aguantado mucha presión por mucho tiempo, han estado rodeados de estrés, poco descanso, tareas constantes, se exigen mucho ya sea de manera directa o indirecta. Los eventos traumáticos como los huracanes, que ya experimentamos dos, los temblores, las pérdidas de familiares, son situaciones que se acumulan y cuando menos lo esperas comienzan a manifestarse".

Mientras ella me decía todas estas cosas yo iba anotando y reflexionando. Ella me observa y me dice: "quiero que sepas que esto no les ocurre a personas débiles como se plantea. Al contrario, cuando llegan a este punto es porque han resistido, se han hecho tan fuertes que han tenido que aguantar sus emociones y sentimientos porque la sociedad espera de ellos ese comportamiento y sin darse cuenta se están haciendo daño. Así que vamos a salir de ésta, pero debes poner todo tu empeño. Vendrán días en que te vas a caer, pero debes levantarte, vendrán días en que no deseas hacer nada, pero debes levantarte, vendrán días en que tendrás los ataques de pánico, pero luego que concluyan debes levantarte y continuar siendo funcional.

Sus palabras me llenaban de mucha paz y me daban muchas fuerzas. Me asignó descansar, reflexionar y meditar sobre lo que hago y pienso. De esta manera comenzaría a observar los patrones que desencadenaban en los ataques de pánico y ansiedad y podría adelantarme y ajustarme para evitar síntomas mayores. También me proveyó literatura sobre los ataques de pánico y la ansiedad ya que el conocimiento es poder, y el poder concluye con control. De esta manera podría entender más a fondo lo que ocurre y podría anticipar y controlar. Además, comenzaría a leer la Biblia con otros lentes, observando y descubriendo la cantidad de héroes de la fe que se enfrentaron a eventos de ansiedad y pánico.

# Me acerqué y mira lo que encontré

Constantemente escuchamos personas decir; que la ansiedad y los ataques de pánico son demonios, malicias y espíritus inmundos, cadenas, ataduras y todo ese lenguaje de guerra espiritual. Otros señalan que son conflictos de fe, problemas por tu pobre relación con Dios, una débil espiritualidad, falta de confianza en Dios, falta de congregarte e inclusos algunos han dicho y sugerido que esto se debe algún tipo de pecado oculto no confesado que ha traído esta situación a las vidas de las personas que sufrimos de estos episodios de ansiedad y ataques de pánico.

¿Los has visto, los has escuchado, los conoces? Considera por un momento si las personas que no han experimentado episodios de ataque de ansiedad y de pánico utilizan este discurso para mostrarse superiores y por ende hacer sentir inferior y culpable a los que no son como ellos. Esto solo muestra un alto grado de falta de empatía y desconocimiento del tema; ya que a su vez ellos se proyectan como superiores para luego venir con unas recetas espirituales de cómo debes enfrentar y obtener la victoria.

Ya en ese ambiente de control te piden como acto de fe, pasar al frente del altar para tener una oración y ministración por todos aquellos que sutil e indirectamente les han dicho por medio de una predicación que son débiles en la fe, que su relación con Dios es cuestionable, que han vivido con algún pecado oculto o que tienen alguna posesión espiritual. La manipulación es vasta y claro la respuesta de la comunidad de fe es inmediata ya que nadie desea vivir ni experimentar contantemente los episodios de ansiedad y ataque de pánico.

Luego en frente de ese altar haces promesas, pactos y alianzas, caes en descanso, lloras, te levantas y regresas a tu asiento lleno de una experiencia y muy relajado. El proceso de catarsis es real, es sentido y trae consigo ciertos beneficios de relajación, pero no significa que este todo en control.

Pero dentro de varias semanas, meses y en algunos casos en el próximo culto ya estabas en la misma situación o tal vez peor. Y te preguntas ¿en qué fallé? te cuestionas, si no buscaste el rostro de Dios correctamente, comienzan los conflictos de fe, de esperanza y confianza, comienzas a flagelarte tratando de buscar una sanidad inmediata y lo que haces es agravar y agudizar más a fondo los síntomas. Tristemente te encuentras en medio de un círculo vicioso y enfermizo que irónicamente la misma iglesia construye, alimenta y promueve sin darse cuenta.

Tal vez mis pasadas líneas fueron duras y reveladoras sin embargo el patrón es el mismo y seguirá siendo el mismo hasta que tu no hagas un alto y comiences a reconocer otras realidades.

Debo dejar de espiritualizar y dejar de ver a los hombres y mujeres de la biblia como seres divinos, perfectos e infalibles cuando no lo fueron. Ellos si fueron humanos como usted y como yo mi querido lector, con las mismas debilidades, carencias y situaciones.

Lo primero que hice fue ser honesto conmigo y con las personas que me rodean. Dejé de decir que son demonios, ataduras y cadenas a todas aquellas cosas que no poseo una contestación válida, objetiva y esperanzadora. Y para mi sorpresa esa afirmación y estilo de vida comenzó a traerme una libertad creciente. Comencé a reeducarme y reeducar a otros tantos que Dios comenzó a acercarlos a mí y aquellos que me encontraba en el camino. Por alguna razón la empatía me enseñó a identificar a la mayoría de las personas que tenían ansiedad y ataques de pánico, sin que me dijeran algo.

Les comparto estas líneas por que han sido bastantes las personas que he encontrado en estos pasados dos años que me han contado sus experiencias de terror dentro de las iglesias, encuentros de adoración, retiros, cultos de sanidad, conciertos, diálogos, estudios bíblicos en fin en la vida cristiana. Y lo peor del asunto es que muchos terminan saliendo de las iglesias, otros siguen en el mismo círculo de patrones, culpándose y culpando a Dios por lo que ocurre.

Cuando descubrí está realidades comencé a ser muy selectivo en quien escucho, que leo y veo. En aquel momento no estaba en la disponibilidad de comenzar a improvisar con recetas ficticias.

Así que me di a la tarea de comenzar a leer la escritura desde los lentes de la humanidad del ser humano, desde su vulnerabilidad, desde sus errores, desde sus caídas, desde su fragilidad, desde sus fracasos en fin comencé a verme a mí mismo en las páginas del libro sagrado.

A su vez comencé a ver al Dios de las segundas, tercera y múltiples oportunidades, al Dios que no avergüenza, al Dios que va caminando conmigo paso a paso, al Dios que me acompaña, a Dios que da herramientas para enfrentar los desafíos diarios, al Dios que sostiene con su mano. Al Dios que al sentir que caminas por la cuerda floja su mano está bajo esa cuerda para sostenerte cuando caigas.

# Le dejé los súper héroes a Marvel y DC

En este cambio de paradigmas comencé a caminar por las páginas de la Biblia de una manera más intencional. Con el deseo de descubrir y aprender para a su vez sanar y enseñar. Deseo compartir contigo solo algunos ejemplos de personajes bíblicos que experimentaron fuertes eventos de ansiedad.

*De la pena a la gloria- Josué enfrenta sus eventos traumáticos, duelo y su nueva encomienda*

En el libro de Josué capítulo 1. 1-18 encontramos lo siguiente: Moisés el líder, el gran líder del pueblo de Israel ha muerto. Josué está pasando por un duelo lo que se convierte o se considera en un evento traumático. Dios le habla a Josué y lo primero que le dice es que Moisés su siervo ha muerto. Dios no está cambiando la realidad, al contrario, la está reconociendo y se la está haciendo muy presente en la vida de Josué.

Lo siguiente que le dice Dios a Josué es; levántate y pasa este Jordán. Josué está en duelo, está triste, ha quedado al frente de un pueblo que es difícil, es numeroso, es impulsivo, se queja de su líder, la pérdida de su mentor añade junto a lo anterior expuesto varias unidades de ansiedad, de tensión y de estrés. Además de esto, cuando Dios le dice: ¡Levántate! Nos hace entender que Josué está en una posición de inacción, tanto física, emocional, social y espiritual. Josué siente exactamente lo mismo que sentimos usted y yo al perder un familiar o algún ser amado y querido.

Josué debe estar sintiendo y experimentando un sin número de emociones junto a varios pensamientos: ¿Me creerán, me apoyarán, confiarán en mí, serán obedientes a mi voz?

Frente a toda esta realidad que está experimentado Josué, Dios comienza a tratar con él de una manera muy hermosa, con palabras de ánimo que reflejan acciones de empatía. Dios lo está acompañando en su momento de dolor, fragilidad, vulnerabilidad, inseguridad y sospechas. Dios se hace presente en su vida por medio de sus palabras.

Es mi intención que Dios se haga presente en la nuestra en este momento y nos anime a enfrentar todo evento traumático y toda pérdida.

Observemos la acción pastoral que Dios manifiesta a través del cuidado y acompañamiento a Josué el nuevo líder del pueblo de Israel. Estas palabras son refuerzos saludables que tienen como finalidad trabajar en sus emociones seriamente afectadas.

Nadie te podrá resistir, Como estuve con Moisés estaré contigo, No te dejaré ni te desamparare, Ánimo, Sé valiente, Mucho ánimo, Sé muy valiente, Medita de día y de noche sobre este libro, Ponlo por práctica, Ánimo, Sé valiente, No te asustes, No te acobardes. (Josué 1. 7-9) (Biblia Nueva Traducción Viviente)

Cuando observamos las palabras que Jehová le dice a Josué hijo de Num en el primer capítulo, no solo encontramos a un hombre destruido por un evento traumático. También vemos la intervención de Dios, como Dios se empeña en levantar a una persona que atraviesa el valle del dolor y sufrimiento.

Me parece hermosa la acción de Dios, quien pudiendo escoger a otra persona, prefiere invertir palabras de esperanza y sanidad, tiempo en capacitar y acompañar, cuidados pastorales al nutrir a una persona que atraviesa una de las crisis más agudas que puede enfrentar y a su vez con la encomienda de levantarse para dirigir a un pueblo.

El libro de Josué (capítulo 1:1-18) nos muestra como éste enfrentó su pérdida y sus temores amparado en las promesas, palabras de ánimo, afirmaciones de acompañamiento, consejos de lecturas, meditación y aplicación para así enfrentar cada día los nuevos desafíos. Josué nos enseña a tomar control de nuestros pensamientos limitantes, exponerlos e identificarlos delante de nosotros y enfrentarnos a ellos cada día y cada momento además de levantarnos de nuestra posición y marchar hacia nuestra posesión.

# La riqueza se encuentra en aplicar los consejos

Por más amigos como Jetro

(Éxodo 18: 1-27 NTV)

La visita de Jetro a su yerno Moisés plantea la realidad de amistades sinceras, personas que te ayuden a identificar aquellas áreas de tu vida que han sido descuidadas y abandonadas. Jetro representa a este observador, esta persona que nos revela nuestro lado oculto, esa área de nuestra vida en la cual invertimos mucho tiempo, esfuerzo y destreza, para al final descubrir que la misma es la causante de que nos estemos drenando.

El capítulo 18 del libro de Éxodo nos relata que ya Moisés se encuentra con el pueblo de Israel en el desierto. Jetro sacerdote de Madián además de ser un líder espiritual es el suegro de Moisés, este aprovecha la ocasión para darle una visita. Jetro lleva como presentes primarios a su hija la esposa de Moisés, Séfora y a sus dos nietos, hijos de Moisés Gerson y Eliezer.

Cuando Moisés y Jetro se encuentran Moisés comienza a contarle todo lo que Dios ha hecho por medio de él con el fin de liberar a su pueblo del yugo de esclavitud que tenían en Egipto. El verso 6 señala que Jetro reconoce a Jehová como el más grande de todos los dioses e incluso hacen holocausto, ofrenda quemadas y sacrificios a Dios.

Todo estuvo bien, hasta la mañana siguiente, ya que Moisés se sienta a resolver todos los conflictos que surgen entre las personas del pueblo y los asuntos relacionados entre el pueblo y Dios. Cuando Jetro observa esta acción de Moisés se le acerca y le brinda uno de los consejos más valiosos para dirigir a las personas. Consejo que vemos plasmados en varios de los libros de la biblia que abordan directa o indirectamente el tema del liderazgo y el trabajo con personas.

Las observaciones de Jetro son sencillas pero muy profundas. En otras palabras nos invita a que; si no queremos fallecer (renunciar, caer en rutinas esclavizantes, entrar en un proceso de quemazón o fatiga por compasión). Se debe cambiar la estrategia.

A mi entender la situación que está enfrentando Moisés es que él esta tan concentrado en cumplir con sus tareas para Dios, que no se ha percatado que la forma y manera en que ejecuta estas tareas, lo estará llevando a desfallecer no solo él, sino que también al pueblo, incluso, es la advertencia que le hace Jetro. Es interesante el detalle, que el mismo Moisés catalogaba las tareas que realizaba cómo para Dios, cuando en realidad no lo era. Esto nos lleva a considerar que podemos estar santificando tareas para Dios a costa de nuestra vida misma, sin ser ordenadas por Dios.

Las tareas efectuabas por Moisés, tenían similitud a mis tareas y a su vez me invitaron a reflexionar sobre si las mismas están siendo de alguna manera agotadora, estéril (no produce el resultado que espero, anulaba mi liderazgo, parte de mi vida, mi vida devocional y vida familiar). Por lo que debía de cambiar de estrategia inmediatamente. Es muy curioso el hecho que podemos estar haciendo lo que nos gusta y apasiona, para lo que nos preparamos e incluso a lo que Dios mismo nos llamó y respalda; y sin darnos cuenta estas mismas ejecutorias sean el causante de nuestras ansiedades, frustración, desanimo por decir solo algunas.

Es por tal razón que entendí la importancia de los Jetros en mi vida. Esas personas que llegan a observar mis puntos ciegos, a darme consejos, a mirar lo que hago y decirme cómo hacerlo de otra manera.

Traté de imaginar por un momento que hubiera ocurrido si Jetro no le daba el consejo a Moisés y éste no lo hubiera aplicado. A modo de sospecha: "Tal vez se hubieran quedado en el desierto, sin poder entrar a la tierra prometida ya que todo giraba en una sola dirección, atender los asuntos del pueblo y entre Dios y el pueblo".

En el proceso de reflexión tomé la visita de Jetro a Moisés y la llevé a la oficina pastoral. Estas dos preguntas no solo provocaron meditación y reflexión, sino que silencio y descubrimiento. Primero que todo, debía ser honesto conmigo y contestarlas con tanta realidad dejando a un lado el romanticismo y replanteándome una nueva visión y misión de la pastoral.

¿Qué logras aquí sentado?

¿Por qué te esfuerzas en hacer todo el trabajo tú solo, mientras que el pueblo está aquí de pie a tu alrededor desde la mañana hasta la tarde?

Son preguntas importantes y a la vez incómodas. Preguntas que en realidad cuando las hice mi mejor respuesta fue silencio e irme a caminar para darle sentido, valor y pertinencia no solo a una respuesta que lograra tranquilizar mi conciencia. En realidad, no buscaba eso, pretendía generar un cambio, un reenfoque, un nuevo paradigma, derrumbar una formación para comenzar a darle paso a una nueva experiencia de vida y de la pastoral.

Ya que, sin darme cuenta, invertí y creé una jornada pastoral que me limitaba y me encerraba, siendo este un campo fértil para desarrollar ansiedad y descontrol.

Me gustó observar cómo los consejos de Jetro se convirtieron en una visita de Dios en los inicios del andar por el desierto. Y al igual que Moisés me propuse a santificar tareas, funciones y labores. Así que comencé a hacer ajustes, al principio fueron pocos, casi no se percibían, pero a medida en que trascurría el tiempo cada pequeño paso se convertía en un nuevo sendero descubierto lleno de experiencias nuevas y de refrigerio a toda mi vida.

Les quiero compartir lo que aprendí de este diálogo de Jetro y Moisés: El pasaje me hace descubrir que Moisés se considera el único capaz de hacer las cosas y esta mentalidad es la que nos lleva directamente al agotamiento. Moisés resuelve problemas, conflictos, hace consultas al pueblo, consulta a Dios, informa al pueblo y da instrucciones. Jetro le propone un cambio de paradigmas lo hace con unas palabras muy directas. "No está bien lo que haces". Tus tareas son largas y pesadas, terminarás agotado y también se agotará el pueblo. Así que el consejo tiene solo dos focos.

Me propuse simplificar cada uno de los conceptos para poder sacar el mejor provecho.

Primero: **Mi vida** es tan valiosa como la de cualquier otra persona. Amar lo que soy y como soy despierta un nuevo entendimiento de mi identidad en Cristo y como persona. Amar lo que me gusta y lo que disfruto hacer, sacar tiempo para mí, para mi esposa, quien ha sido mi compañera del camino y la que muchas veces ha sido la voz de Jetro en mi vida y disfrutar de la presencia y compañía de mis hijos.

**Aprende a decir que no:** Reconocer limitaciones, r cuál es la visión y entender que no puedo hacerlo todo. Las agendas cargadas solo logran traer satisfacción personal, pero no necesariamente significa que somos eficientes.

**Enseña** las ordenanzas y decretos de Dios, **trasmite** sus instrucciones, **demuestra** con tu ejemplo como deben comportarse. Entendí que mi labor pastoral no debe ser monótona, automatizada ni mucho menos rígida. Al contrario, debía ser dinámica, atractiva, casual, innovadora; un constante fluir de ideas y sueños que fueran puestos en práctica. Aprenderán más y mejor por mi ejemplo que por dictarles la teoría.

Segundo: **Tu labor**: **Escoge** personas que te **ayuden** en las tareas, humildes y capaces que tengan temor de Dios. Cuando miro mi andar reconozco que he aprendido a trabajar con muchas personas y esto me ayudó a reconocer que la diversidad siempre trae enseñanza, que los grupos heterogéneos pueden brindar grandes soluciones dándole el valor a cada uno por sus capacidades y habilidades. Escoge personas que te ayuden, no significa que estén siempre de acuerdo contigo, para eso se requiere madurez emocional y espiritual para poder entender que aquella persona que lo ve distinto no es una amenaza, tal vez, sea un Jetro ajustando nuestro foco.

# De los extremos al centro

Descubriste mi escondite y me visitaste para restaurarme. De los extremos al centro, el profeta Elías.

1ª de Reyes capítulos 18 y 19

El profeta Elías es un personaje muy interesante e intenso, un hombre de Dios respaldado con su presencia mostrando milagros y señales. Un hombre tan humano e impulsivo que con mucha facilidad se va a los extremos. Así mismo como me lee, un hombre que fácilmente se va a los extremos.

Observe lo siguiente, el profeta Elías declara una sequía que duró tres años (primer extremo) luego de las implicaciones que esto trae en la región tanto para él como para todo el pueblo. Dios le habla que vaya y se muestre ante el rey Acab con la intención de hacer llover sobre la tierra.

El monte Carmelo sirvió de escenario para una interesante batalla en un lado los 450 profetas de Baal y en el otro lado Elías el Tibista. El reto consistía en que el pueblo no estuviera más en dos pensamientos. "Si Jehová es Dios, síganle y si es Baal vayan en pos de él, v.21." Así que el verdadero Dios se manifestaría y revelaría su poder por medio del fuego sobre el holocausto, sacrificio. El que respondiera de esa manera sería el Dios del pueblo.

Los 450 profetas de Baal se preparan para que su dios Baal se revelara. Sin embargo, no ocurre nada. Lo más interesante es ver al profeta Elías tomar el asunto para nada serio, utilizando el sarcasmo, la ironía, la burla, humillando y provocando a los profetas de Baal al punto de causar un frenesí de emociones descontroladas llevándolos a flagelarse. ¿Acaso no es esto otro extremo?

Luego Elías atrae al pueblo y reconstruye el altar y prepara el sacrificio asegurándose de que no habrá fuego, derrama agua en cuatro ocasiones sobre el altar. Luego comienza lo bueno, tan pronto él clama, Dios responde por medio del fuego y consume por completo el holocausto. El pueblo reacciona a una voz: "¡Jehová es el Dios, Jehová es el Dios!"

Ahora vemos a un Elías que va de un extremo a otro en muy poco tiempo, del extremo de la burla pasa al extremo de la consagración. Luego captura y les quita la vida a los 450 profetas de Baal, esta última acción trajo como respuesta que Jezabel amenazara al profeta Elías y éste termina huyendo para salvar su vida.

La reacción del profeta Elías es muy válida, salir huyendo, procura preservar su vida. Por otro lado, esta acción de Elías es propiciada por su explosión de adrenalina, por su ceguera espiritual y por su pasión de violencia descontrolada.

Tal vez le choque un poco lo que estoy escribiendo acerca de estos hombres de Dios, más la realidad es, que ellos fueron humanos con sus virtudes y defectos y aun así Dios, en su misericordia, los escoge para su propósito, pero cuando los alteramos las consecuencias son terribles.

Luego de que Elías sale huyendo continúan revelándose otros extremos de su personalidad, desea morirse, le pidió a Jehová en oración que le quitara la vida, se echó a dormir como un medio de escape. En esa gama de emociones descontroladas, de pensamientos irreflexivos el Dios que habita, que se revela, que se interesa en el ser humano se acerca al profeta y lo alimenta. Ante la depresión, ansiedad, y el descontrol Dios nunca abandona al ser humano, Dios se hace presente para sustentar la vida, para alimentarla y decirle: Levántate, come y sigue adelante.

Lo curioso del caso es que Dios toma la iniciativa de transformar la vida del profeta Elías, pero éste, esta tan concentrado en su crisis, que no observa los cuidados y atenciones que está mostrando Dios en su vida.

No es que Dios desea que toquemos fondo, pero a veces nosotros mismos somos los que vamos bajando sin ponerle el freno, sin hacer un alto a nuestra vida, vamos en picada y sin ninguna seguridad de retorno como muy bien demostraba el profeta Elías.

Lo más hermoso de Dios, no es que nos deje llegar al fondo, es que Él va bajando con nosotros. Porque Dios no descarta a nadie, Dios no rechaza a nadie, Dios no abandona a nadie. Dios ha invertido en ti, porque te ama y si debe ir al pozo de la desesperación para sacarte y ponerte sobre la peña lo va a hacer por una hermosa razón, se interesa en ti.

La crisis del profeta Elías nos enseña que Dios siempre proveerá en nuestros momentos más difíciles, nos cuidará y sustentará de tal manera que recibiremos fortaleza para continuar adelante.

La fortaleza que recibió Elías le permitió caminar por 40 días hasta llegar al monte Sinaí, monte de Dios, donde continuamos observando las acciones de extremos del profeta al este esconderse en una cueva.

Es en ese ambiente solitario, desértico que tiene matices de finalidad de un ministerio poderoso donde Dios hace acto de presencia tomando todos los extremos que han caracterizado la vida de Elías y comienza a cerrar poco a poco los mismos hasta llevarlo al centro.

Dios le hace una pregunta muy sencilla y a su vez muy directa y profunda: ¿Qué haces aquí, Elías?

Dios le llamó por su nombre señal de que le conoce, sabe todo acerca de él y más importante, su relación personal con su profeta, siervo, hijo más allá de las crisis y extremos del ser humano la relación con Dios no se anula, continua vigente. Me gustaría que pudiéramos comprender la importancia que Dios le da al asunto y crisis del profeta al llamarle por su nombre. Dios nos hace entender que está muy consciente de nuestras luchas, crisis, sufrimientos y en este caso tan particular de una vida que transita entre los extremos.

La pregunta me invitó a considerar donde estoy y de que, o quienes me escondo. Entendamos lo siguiente, no solo nos escondemos de las personas, también lo hacemos de las tareas y responsabilidades. ¿Cuál es la verdadera razón por la cual el profeta se esconde? ¿Por qué en los momentos de crisis surge la idea de alejarnos, escondernos, desconectarnos de todo aquello que nos exponga a pensar y analizar los escenarios que estamos viviendo? Las pasadas preguntas me ayudaron a ir canalizando mi vida, de alguna manera Dios me estaba atrayendo de mis extremos a vivir y experimentar una vida más centrada, no solo en él, sino en todo lo que soy y represento.

Aprender a buscar mi centro, el centro de mi matrimonio, con mis hijos, con los hermanos en de la fe, con la iglesia, con los compañeros. Es un proceso de aprendizaje de dar pasos diariamente ya que las mismas no son tareas que se puedan postergar en todo caso es cultivar relaciones afectivas constantemente.

Las preguntas me sirvieron de guía ya que no solo me veía reflejado en los extremos de Elías, sino que también en su acción de desconexión de todo a su vez pienso que la mayoría experimenta lo mismo. Con la posible realidad de que al igual que el profeta Elías no lo decimos, lo callamos. Elías me enseñó sobre un pasado que por más rápido que caminara no escaparía de este, un pasado que representa peligro a su vida, un pasado marcado principalmente por sus decisiones tomadas a la ligera, decisiones que eran para "favorecer a Dios y a su pueblo" sin embargo no eran consultadas con Dios.

Es en esa cueva, ese escondite, esa oficina pastoral con puertas y ventanas cerradas, es donde Dios se revela y nos llama por nuestro nombre. Por qué aquí lo importante es el nombre, no el título, nuestra procedencia, nuestro llamado, ministerio, vocación y pasión, no es ni siquiera nuestra trayectoria. Es nuestro nombre lo que le da valor e identidad y pertinencia a todo lo demás al punto de que es Dios mismo quien se interesa, se involucra y se presenta. Estoy acostumbrándome a reconocer y ver a un Dios que no descarta y no le interesa hacer sustituciones. Un Dios que no te invalida sea cual sea tu acción, reacción al contrario se empeña en tomar nuestra vida que atraviesa por múltiples conflictos y tornarlos en un proceso majestuoso de enseñanza. No encuentro palabras para poder describir a un Dios tan, pero tan interesado en el ser humano al punto de acercarse, revelarse, llamarlo y restaurarlo.

Resulta que la pregunta que Dios le hace al profeta Elías no la debemos tomar en poco ni mucho menos a la ligera, ya que el profeta declara medias verdades, como, por ejemplo. Si el pueblo de Israel ha roto el pacto, derribó altares y mató a los profetas, Elías habla de un pasado que ya ha sido trasformado. Pero en su mente este pasado continúa estando presente en su memoria y en su vida aun cuando el mismo ha sido restaurado y reiniciado. Recurre a un pasado desolador para justificar su presente desesperanzado.

Recordemos que la acción de Elías fue restaurar la relación del pueblo con su Dios, reconstruyó el altar; cabe señalar que el siervo del rey Acab, Abdías le comentó al profeta que él mismo había escondido 100 profetas y los estaba alimentando. Podemos ver a un Elías que está presentando excusas razonables, fijando responsabilidades y presentándose como una víctima tomando el asunto hacia su persona. Lo que nos invita a considerar si las acciones de Elías, las hemos hecho nuestras sin darnos cuenta.

¡Me encanta y mucho! Porque Dios le hace salir de la cueva. En nuestros momentos de duda, de vivir entre los extremos, de plantear nuestra inconformidad con lo que acontece, Dios nos hace entrar en control acercándonos a su presencia.

"El Señor le dijo: "Sal y ponte de pie delante de mí" hay momentos en que debemos de arrodillarnos, estar con los ojos cerrados, permanecer con el rostro mirando al suelo. Sin embargo, Dios deseando que aprendamos lecciones vitales para trasformación rompe con todos los "protocolos" divinos para que podamos captarlo y entenderlo todo. Todo nuestro ser debe estar disponible para entender, para crecer y para aceptar lo que Dios desea hacer. Dios desea traernos al centro. Dejar de estar brincando de un extremo al otro. Deseoso de que caminemos en una vida centrada y enfocada.

Dios le mostró a Elías poderosas manifestaciones de su poder, sin embargo, su voz estaba en el susurro suave y delicado. El Dios que se manifestó al colectivo hace casi 50 días atrás ahora lo hace de manera personal, única y refrescante, ante su siervo el profeta Elías. Esa, la voz de Dios tiende a esconderse en las formas y maneras menos particulares. Fue ese susurro lo que hizo que Elías cubriera su rostro como señal de temor, de reconocimiento, respeto, entrega y de rendición total. Es ese susurro el que nos hace regresar por el mismo camino, que nos hace reconocer que aquello que a nuestros ojos parece estar perdido, en el mapa de Dios es solo un proceso que compone un todo. Elías descubrió que no estaba solo, que Dios había guardado otras 7,000 rodillas que continuaban siéndole fiel. Lo que significa que debemos buscar la manera de conectarnos con esos otros que viven, sufren, experimentan los mismos acontecimientos, pero con la realidad de que Dios les continúa acompañando.

Aprendí del profeta Elías que vivir entre los extremos nos lleva a la improvisación, nos empuja a las acciones irreflexivas, nos hace creer que somos superiores y de sentir que podemos controlar y manipular a Dios. Por otro lado, Dios nos hace regresar por el mismo camino, pero con un enfoque diferente. Porque no somos nosotros los que diseñamos el plan ni el propósito. Ha sido Dios quien a pesar de todos nuestros traspiés logra convertir el carbón en diamante y refinar el oro.

Elías me mostró lo que es reconocer a un Dios que le gusta hilar, pero hilar fino. Tomar cada etapa de la vida del ser humano y comenzar a plasmar nuevos colores y recrear un nuevo tapiz, llenos de vida, lleno de alegría. Dios visitó mi escondite, mi cueva, mi lugar seguro y me enfoco en su encomienda.

# Lo que presencié cambió mi vida

Sin darme cuenta visité él monte de los Olivos, lo que presencié cambió mi vida por completo, un Jesús completamente desconocido para mí.  Lucas 22:39-46

Se convirtió en una noche extraña, por alguna razón el escenario dejó de ser las constelaciones y la luna. La invitación a observar no era para los cielos, todo lo contrario, era hacia aquel olivar. Aquel lugar que se convierte por unos momentos en el lugar donde pude entender más a fondo mi realidad y lo que significa experimentar ansiedad y ataques de pánico. El doctor Lucas, me invitó a observar con detenimiento cada instancia de este momento tan crucial en la vida de Jesús; lo que descubrí me trajo tanta sanidad, entendimiento y empatía que provocó en mí el amar a Jesús de una manera distinta.

Jesús, acompañado por sus discípulos, les invita a la oración con la intención de no ser tentados. La ansiedad cuando nos ataca fuerte nos hace salir de la cercanía de las personas, nos convierte en seres asociales, a estar solos, ya que todo nos afecta, el ruido, el ambiente, las personas. Lo externo nos afecta de manera considerable lo interno, nuestra mente va más rápido de lo normal y no logramos controlar nuestros pensamientos, ni las respuestas de nuestro cuerpo.

Y a pesar de que esto se está manifestando en nuestras vidas y no sabemos cómo explicarlo ni mucho podemos controlarlo, solamente inicia y varios minutos después termina; así de simple o así de complicado. Me gustaría que entendieran por unos momentos lo que Jesús me enseñó en aquel olivar, donde pedía a gritos lo mismo que he pedido yo y todos aquellos que experimentamos ansiedad y ataques de pánico: pedimos a gritos aunque no lo verbalizamos; compañía, empatía, y seguridad.

Jesús les estaba diciendo a sus discípulos necesito ahora de ustedes que me ayuden a orar, que permanezcan conmigo, si me muevo no me dejen solo, su presencia calma el ruido, se necesita una voz que nos diga: "todo estará bien, saldremos de está" eso minimizará todo lo que sentimos.

Jesús no se aparta, porque puede o porque quiere, Jesús se aparta porque la ansiedad no la puede controlar y su movimiento finalizado en el suelo más que una señal de adoración, es una señal de rendición, de miedo, de incertidumbre, temor, impotencia y vulnerabilidad. Una señal y un signo latente y tangible de que Dios se encarnó y esa encarnación es completamente humana.

La tentación de Jesús consistía en que en su humanidad en este campo minado de la ansiedad se debatía entre abandonarlo todo, renunciar a todo. En esa tentación me vi reflejado; en abandonar todo, dejarlo todo, renunciar a todo. Por fin pude encontrar a una persona que vivió, sufrió y sintió en su ser lo mismo que he experimentado, con la salvedad de que me entiende no por referencia sino por experiencia.

El doctor Lucas me tomó de la mano y me adentró al olivar y pude escuchar a Jesús decir entre murmullos: (Lucas 22.42) "Padre, si quieres, pasa esta mi esta copa... y tomó un respiro profundo y en esa pausa, recordé todas las veces que deseaba resolver en mi presente los asuntos de los próximos días. Pude entender la ansiedad que sentía Jesús cuando le está pidiendo al padre que resuelva en ese momento todo lo que se aproximaba para su vida. Mientras yo pensaba en eso, Jesús retomó la palabra y concluyó su oración al Padre diciendo: "empero no se haga mi voluntad, sino la tuya". Ahora el que respira profundo soy yo, ya que teniendo la facultad de cambiar todo lo que experimenta, prefiere continuar con todo y cumplir fielmente la voluntad del Padre.

La presencia de Dios es constante en la vida del ser humano y se hace presente en los momentos de mayor tensión, crisis y ansiedad. Viví y experimenté grandes dosis de paz en los momentos de más angustia, el doctor Lucas lo detalla por medio de un ángel del cielo que vino a fortalecer a Jesús, otra evidencia de que en los momentos más difíciles Dios nunca nos abandona.

De pronto, su respiración comenzó a cambiar, ya no eran respiraciones profundas y lentas, ahora eran cortas y rápidas, su ritmo cardiaco se elevó en segundos, sus palpitaciones y su pulso aumentaron drásticamente, Lucas le llamó una intensa agonía donde su sudor fue como grandes gotas de sangre que caían hasta la tierra. Imagine por un instante los niveles de tensión, las unidades ansiedad que están reflejándose en todo su cuerpo al punto de que son descritas como "grandes gotas de sangre"

Cuando vi esto me dije: "se parece a los ataques de pánico que he experimentado".

El doctor Lucas me preguntó, ¿Qué opinas de lo que acabas de ver y descubrir? En realidad, me quedé en silencio, sin palabras. Por un lado, sorprendido, por otro completamente impactado por que jamás había considerado que Jesús viviera o experimentara de una manera tan abrupta lo que por momentos viví y experimenté.

Ahora el evangelista Lucas me tomó nuevamente de la mano y me dijo: "ahora viene mi parte favorita, presta mucha atención" de pronto Jesús se levantó y comenzó a caminar hacia sus discípulos.

Y tal vez dices: "¿Qué tiene de raro ese pasaje, eso fue lo que hizo Jesús?"

La realidad es que el pasaje dice: "Y como se levantó de la oración, y vino a sus discípulos" (V.45) mientras Jesús caminaba al encuentro con sus discípulos, al pasar por mi lado su mirada me dijo: "si yo me levanté y continué con mi propósito, tu también puedes hacerlo y continuar con el tuyo".

Jesús se levantó, se enfrentó, caminó hacia el cumplimiento de su propósito, no se limitó únicamente a sentir, sufrir y experimentar una fuerte dosis de ansiedad. Eso no le impidió retomar su vida, el ataque de pánico fue fuerte, la ansiedad fue fuerte, pero más fuerte fue su convicción, más fuerte fue su deseo de seguir, más fuerte fueron sus pisadas que tal vez fueron lentas, pero eran decisivas. A cada paso que daba no solo lo acercaba al cumplimiento de su propósito y misión. Sino que cada paso que daba le daba más valor, más fuerza, más entrega y gallardía. Cada paso lo alejaba el olivar dejando en el mismo, sus miedos, temores y ansiedades. Cada paso lo exponía y lo retaba, pero a su vez los conquistaba y dominaba.

Desde pequeño amé a Jesús por lo que hizo para salvarme, pero ahora cuando comprendo lo que vivió y experimento y la manera en que decidió levantarse no solo le amo cada día más, sino que es mi fuente de inspiración diaria, motivo por el cual mi sanidad se lleva a cabo cada día. La razón por la cual he aprendido a valorarme y amarme. Jesús me sanó no solo con su vida, sino también con su ejemplo.

# La letra M se hizo una melodía en mi vida

Luego de experimentar el cuidado de Dios a través de su palabra y observar cómo la misma comenzó a tener un significado diferente para mí, tomé la decisión de comenzar hacer varios cambios y ajustes en mi vida. Aunque parezca algo común, comencé a desayunar avena en las mañanas y en lugar de endulzarla con azúcar, le echaba una cucharada de miel. Y tal vez usted dice: que tiene esto de extraño, o particular.

Resulta que la palabra miel se quedaba grabada en mi mente durante la mayor parte del día. En lugar de meditar en el pasaje bíblico del devocional de la mañana, lo que se quedaba en mi mente era la palabra miel, era algo que insistía, que surgía.

En las tardes aprovechaba para salir a caminar y en ese tiempo dialogaba con Dios, le presentaba mi vida, mis sueños, mis metas, todo lo que deseo hacer. Pero en los momentos de silencio mi mente volvía a la palabra miel. Llegó un momento en que le decía a Dios: Señor no comprendo esta obsesión con la palabra miel.

Hasta que una tarde en medio de la caminata me quede: miel…, miel…, miel…, hasta que de pronto; *¡Motívate!*

¡Wao! Todo cambió de repente, comenzó a tener sentido. Experimenté un trato de Dios muy especial, un susurro delicado, una voz pasiva en mi interior que me trataba con tanto cuidado, amor y ternura. Una voz que me hacía entender que había llegado hasta ese momento con los pies cansados, con varias arrugas, desvelos y muchas encrucijadas. Pero en medio de todos esos tiempos Dios estuvo presente. Su mano no se retuvo para ayudarme, consolarme y levantarme las veces que fueron necesarias.

Comencé a entender que vendrían días soleados y muchos días grises. Que tendría caídas y días en que no desearía levantarme. Aun así, tendría que aceptar que si deseo cambiar, debo hacer ajuste y esforzarme y mi querido lector, cuesta, incomoda, pero lo estaba haciendo y mejor aún lo estaba disfrutando porque sentía que Dios estaba llevando una obra única y especial conmigo.

Persona que me lees, Dios se hizo amigo. Dios me enseñó que no me preocupara por las derrotas, ni me enfocara en los ambientes que podrían propiciar los ataques de pánico ni ansiedad, Dios no me estaba dando una licencia para las caídas ni muchos menos apoyaba que me anulara, al contrario me daba una hermosa lección de vida: ¡*Motívate!*

Comencé a descubrir al Dios que nos motiva por medio de su palabra; Todo lo puedo en Cristo que me fortalece (Filipenses 4.13), aunque ande en valle de sombra y de muerte no temeré mal alguno por que tu estarás conmigo (Salmos 23.4). Las aflicciones del tiempo presente no se comparan con la gloria venidera que en nosotros ha de manifestarse (Romanos 8.18) La escritura comenzó a ser un manual de motivación para enfrentar con pensamientos saludables cada momento y cada uno de mis días.

Aprendí a dejar los pensamientos limitantes que por mucho tiempo y por causa de las crisis los había hecho parte de mí. Comencé a sustituir los pensamientos limitantes, por pensamientos saludables, por pensamiento de motivación. Dios mismo me está animando a cambiar mi vida. Literalmente me hizo, me impulsó, me apoyó, me motivó a salir del pozo de la desesperación. (Salmos 40)

Junto con la motivación estaba la celebración. Cambié mi actitud y procuré celebrar todo lo que hacía en el día, por muy sencillo que fuera. Si camino un minuto más que el día anterior, lo celebro. No caminé, pero me quedé a descansar, limpié el patio, compartí con mis hijos y esposa, celebro eso. El comenzar a celebrar cada evento por muy singular o particular, por muy elaborado o sencillo que fuera, me educó a comenzar a ver lo bueno de todo lo que me rodea. Poder enfrentar cualquier panorama con una visión distinta con un enfoque diferente. Y al final celebraba el resultado entendiendo que había dado y puesto todo mi empeño.

Comencé a traducir mis días desde esas dos intensiones, motivación y celebración. Lecturas, canciones, noticias, diálogos, amistades, películas, documentales, en fin, todo lo que fuera de motivación servía de edificación. Fueron dos semanas de grandes cambios y de muchas experiencias.

# Una "I" muy particular

Los días comenzaron a ser distintos, aun cuando las nubes grises estuvieran rodeando mi ambiente, sabía que sobre ellos un sol radiante se imponía. Al rayar el alba comenzaba a buscar *inspiración*. Ese tiempo de encuentro entre el amado y su criatura. Leer e inspirarme a comprender como hombres y mujeres fueron tomados por Dios, por sus convicciones, por su valor y en los momentos de tormentas, crisis y angustias dieron pasos de fe adelante.

Como María hermana de Moisés y Aarón después de cruzar el Mar Rojo dejando atrás la cautividad de Egipto comenzó a danzar porque siente libertad (Éxodos 15.20). Entre cada mujer, cada hombre, cada encuentro de ellos que, a pesar de sus limitaciones, imperfecciones y vulnerabilidades lograban alcanzar valor y fuerzas entre sus crisis y desafíos no dejando que estos los detuvieran, sino que la fuerza de Dios se hacía presente en sus vidas trayendo inspiración para reaccionar de maneras inimaginables mostrando valor y regocijo, confianza y destreza.

Inspírate, comienza a tener ideas, atrévete a soñar. La inspiración no se debe quedar en el peldaño de la alegría y emoción. Debe atreverse a subir cada peldaño y materializar cada una de esas ideas e ilusiones. Convierte tu inspiración en ilusión, trabájala hasta alcanzar esa idea, sueña con ella, protagonízala y comienza a subir cada peldaño hasta verlas realizadas.

Al segundo día de comenzar a inspirarme, claro está implícito en que todo lo que escuchaba, leía, veía, dialogaba estaba relacionado con la inspiración y ella como cascada de agua cristalina que desciende sobre la sábana con la intención de generar, dar, crear y sustentar la vida. De igual manera Dios me inspiraba a ir sobre mis eventos pasados y verlos de una manera educativa, trasformadora y sanadora.

Esa ilusión de escribir nació en el silencio de las caminatas nocturnas. La idea de contarles lo vivido, surgió de las reflexiones de las vivencias y encuentros con los hermanos de la fe. La inspiración inicial vino de Dios quien nunca me abandonó y estuvo a mi lado a cada instante y me hizo entender que otras personas y compañeros de ministerio muy bien podrían vivir, experimentar y sufrir lo que antes les he contado y tal vez necesiten leer a una persona que les cuente su historia.

Así que me atreví a soñar y a plasmar las ideas que vinieron a mi corazón y dejar que la inspiración de Dios fluyera para sanarme y acompañarte.
82

# Dame la E...

Cuando participaba de los días de juegos en la escuela para mantenernos animados entre los eventos comenzábamos a deletrear una palabra hasta que al final todos la gritábamos. En este caso no es necesario deletrearla, pero si abrazar la palabra y lo que ella representa.

Cuando comenzaron estos episodios mi primer pensamiento es que me moriría. Así que imagine cada vez que venían los mismos ese pensamiento de muerte, de un ataque cardiaco, inundaba mi mente descontrolándolo todo. Pero una vez que descubren que no es nada cardiaco lo que ocurre, que es ansiedad lo que se manifiesta la mejor medicina o remedio es: *¡Educación!*

Comencé a buscar información sobre la ansiedad y los ataques de pánico. ¿Qué es? ¿Por qué ocurre? ¿Cuáles son los síntomas? Y muy importante ¿qué no es? En la gran mayoría de los artículos que leí señalaban que no hay evidencia de que una persona pueda morir por un ataque de pánico, o ataques de ansiedad, es muy poco probable que eso ocurra.

Tener esta información a la mano fue muy importante ya que me permitía comenzar a controlar y razonar de manera diferente los episodios cuando aparecían. Nada mejor que poder hablarte a ti mismo y decirte ya sea en tu mente o audible: Todo está bien, esto va a pasar, tranquilo no te vas a morir. Buscar tranquilizarme y dejar que pasara el episodio y continuar con lo que estaba haciendo.

El poder educarme no solo de literatura que informara y también con profesionales de la salud en el campo de la Psicología me daba las herramientas para poder seguir siendo funcional y continuar ejerciendo lo que tanto me apasiona sin dejar que las condiciones que pudieran surgir en el camino me controlaban.

En otras palabras, el educarme también me sirvió para empoderarme. La educación sobre esto términos me ayudó a identificarlos antes de que surgieran y comenzar a tomar control sobre ellos. No dejar que mi mente se descontrole irreflexivamente sino más bien razonar y entender lo que ocurre en mi medio ambiente y como afecta mi vida.

No solo me eduqué en el tema de la ansiedad y los ataques de pánico, además comencé a educarme sobre: ¿Quién soy? ¿Qué me gusta hacer? y ¿Cómo me preparo para ir minimizando cada día las posibilidades de se manifieste un episodio?

Cabe señalar, que aprender a manejar la ansiedad, no ocurrió de un día para otro, salir al balcón a tomar el sol por unos minutos me daba una sensación de alegría de relajación y creatividad. Sentarme en el suelo con las piernas estiradas, acostarme boca abajo, caminar descalzo sobre la tierra, piedras y la grama, me hacen sentir bien.

Salir a caminar, visitar la playa, escuchar los diferentes sonidos de la naturaleza, estas experiencia no solo me enseñaron sobre lo que me gusta, sino que me ayudaron a formar parte de mi espiritualidad al comprender que en todos esos lugares podría disfrutar de la cercanía de Dios y como estos encuentros me ayudaban a crecer, a estar en armonía no solo conmigo sino con lo que me rodea.

Cambié mis hábitos alimentarios, dejé el café, las bebidas carbonatadas y las que tuvieran mucha azúcar, aprendí a cultivar el silencio. Procuro pasar algún momento del día en soledad, quietud y silencio; el silencio me enseñó que no estaba escuchando bien las señales que mi cuerpo me estaba enviando. El silencio me educó a que Dios nos invita hacer pausas contantemente no solo para hablarnos, también para examinarnos a cada instante y ser completamente honestos. El silencio me empoderó a cuidarme y atenderme, a que de vez en cuando debo tomar una siesta, descansar, despejarme, entretenerme e incluso desconectarme de todo y de todos.

Aprendí a educarme y empoderarme para poder descansar y dar lo mejor de mí, sin la necesidad de poner mi vida ni emociones en juego. Me eduqué a amarme, cuidarme y valorarme.

# Letra L, el tesoro más preciado es la libertad

Cada paso que daba no me acercaba a ninguna meta imaginaria, al contrario, me hacía más consciente de la vida y del valor que ella tiene y representa. Procuro disfrutar cada día al máximo y finalizarlo complacido de lo que hice sin la necesidad de sentirme culpable por aquello que no logré realizar. Me siento libre de compartir estas palabras con usted que me lee. Como una vez me dijo un compañero pastor: "Atrévete y cuenta tu historia, hay momentos en que debemos exponernos al lente de otros".

La libertad que siento procuro compartirla con otras personas, llevarla a la acción y a la práctica constante en mi vida. Ser libre al hablar lo que vivo, ser libre para demostrarles a otros lo que siento, ser libre para valorar la vida de todos por igual. Entender esta libertad me costó mucho y la realidad es que vienen momentos en que no es necesario explicarla, solo aplicarla.

Esta libertad por otro lado no es una carta o comodín para actuar a la ligera, en todo caso es vivir y apreciar las cosas sencillas y complicadas de la vida, pero desde otra perspectiva.

A su vez la libertad me invitaba a liderar mi vida, a convertirme en el líder que me gustaría seguir e imitar. Tomar todo lo que soy y represento y darle un matiz distinto. *¡Lidérate!* Sé ese líder que actúa y se interesa, se ese líder que dirige a otros alcanzar su mejor desempeño y potencial.

Sé un líder como Jesús, que las marcas que dejó en las personas estaban llenas de amor, superación, aceptación y trasformación. Jesús me hizo libre y me invito a liderarme, así que comencé aprender a combinar mi libertad con la capacidad de liderarme.

# Una pastoral sobre la cuerda floja

La resurrección de Jesús no fue un inicio es una continuidad de la vida.

(Marcos 16:7) (Juan 21:3; 19-25)

Deseo agradecerte por acompañarme a través de estas líneas. Mientras ibas adentrándote en cada página fuiste conociendo un poco sobre mi vida. No deseo finalizar esta experiencia, sin antes decirte, que lo vivido a pesar de que fue duro y difícil me permitió crecer y madurar en muchas áreas de mi vida, entre ellas la pastoral.

Descubrí durante todo este tiempo, que la pastoral es como estar suspendido sobre esa cuerda floja, donde debemos aprender hacer balance con las muchas funciones que realizamos y a su vez poder cumplir con las tareas que nos caracterizan como padre y esposo.

Una de las lecciones importantes que aprendí durante este proceso es que la soledad que vivimos o experimentamos se puede cambiar y no depende de otros, depende de mí. Modifiqué mi vida, a pensar no solo en las buenas cosas que Dios nos provee, si no también a no desenfocarme ni distraerme con mensajes que no generaran vida.

Imagine una persona suspendida a 100 metros del suelo caminando sobre la cuerda floja y preguntarle si cuando está dando pasos allá arriba piensa en caer al suelo o en la muerte. Es una pregunta bastante irreflexiva, por otro lado, también aprendí a no pensar en la muerte, fracaso y derrotas cuando Jesús vino a traerme vida abundante.

Por otro lado, fueron esas derrotas y fracasos lo que Dios utilizó para traerme un nuevo entendimiento sobre la pastoral y la vida misma. Quien lo diría, que Dios utilizaría los obstáculos, crisis, enfermedades y debilidades para hoy compartirles que nos podemos levantar y dar pasos seguros de fe y confianza.

No hay que comenzar de nuevo; no es un inicio, es una continuidad de la vida. Lo pasado no se descarta, al contrario, nos educa y nos renueva a un nuevo entendimiento de como Dios opera en nuestras vidas, interviene y nos cambia por completo.

Te invito a considerar lo siguiente: Las mujeres, van hasta la tumba donde deben encontrar el cuerpo de Jesús, al entrar a la tumba y no ver al cuerpo un ángel les explica lo acontecido. El mensaje no solo está lleno de esperanza al anunciar que Jesús ha resucitado, sino que, además, tiene un alto grado de restauración e interés en una persona en particular, su nombre es Pedro. "Ahora vayan y cuéntenles a sus discípulos, incluido Pedro, que Jesús va delante de ustedes a Galilea".

Un Pedro que tal vez se siente descartado por las acciones de los pasados dos días. Un Pedro que se siente incapaz de continuar con el legado, responsabilidad y tarea que se le había asignado. Un Pedro que en su mente sentía la vergüenza, el fracaso y la desilusión no solo por negar a su maestro sino también a quien se había convertido en los pasados tres años en su amigo.

De alguna manera nuestra vida y la de Pedro está muy ligada, hemos vivido sus triunfos, derrotas, sus confesiones de fe y sus luchas internas y externas. Hemos aprendido a sobreponernos de las frustraciones, de la soledad, de la incomprensión y de exigencias desmedidas. podría construir un nuevo capítulo sobre las vivencias de un pastor tomando como referencia la vida de Pedro.

La realidad es que a pesar de que ello es importante, no es sobresaliente y me explico; el mensaje que reciben las mujeres de dejarle saber a Pedro que Jesús ha resucitado y va camino a Galilea tiene un entrelíneas de preocupación, interés y deseos de encuentro con la persona que durante tres años recibió formación y capacitación.

Es hacerle ver que no hay motivos para anularse, ni huir por lo que antes cometió. El interés de Jesús es genuino, descubramos algo más, no solo es de Jesús, también el Padre celestial está interesado en restaurar a Pedro al punto de que los seres angelicales sirven como medio de contacto con las mujeres para hacerle saber a los discípulos y a Pedro de que Jesús triunfó y venció la muerte y desea encontrarse con él para sanarle.

Dios está usando todos sus recursos existentes para encontrar a un ser humano capaz, pero que se siente incapaz, un ser humano útil, pero que se siente inútil. Un ser humano que tiene las capacidades y destrezas para retomar su vida, pero la circunstancia vivida le hace pensar y creer que el plan de Dios en su vida a caducado.

La sorpresa llega cuando descubrimos que no es así, Dios continúa interesado en ti, más que en las circunstancias que has vivido y enfrentado con la intención de tomar todo ello y usarlo a tu favor. Dios se inserta en tu vida de tal forma que utiliza todos los medios posibles para iniciar una trasformación en tu vida.

En el caso de Pedro, Dios envía unos ángeles para decirle a las mujeres que Jesús lo está buscando, en estas cortas líneas existen cuatro entes y los que se añaden para interceptar una vida. Dios, Jesús, el ángel, las mujeres y más adelante los discípulos. ¡Cuán importante es Pedro y la vida del ser humano! Que Dios mismo organiza una búsqueda incansable para restaurarle. Para hacerle saber que, a pesar de lo vivido, no se inicia, sino que se aprende y se continua.

Me parece hermoso como Jesús llamó a Pedro en el evangelio de Lucas capítulo 5, le llama en la orilla del mar y lo invita a bogar mar adentro. Luego lo hace pescador de hombres, lo interesante es que en ese primer encuentro Pedro presencia el milagro de la pesca, con Jesús en la barca. Por otro lado, su restauración llegó de manera muy parecida de acuerdo con el evangelio de Juan capítulo 21, Jesús está en la orilla y desde la orilla lo invita a lanzar las redes, capturando los peces. El entre líneas consiste, en que Pedro reconozca que su labor no es regresar a la pesca, su propósito sigue siendo las vidas y éstas se encuentran en la tierra.

Mas adelante Jesús le hace una simple, pero muy profunda pregunta: ¿Pedro me amas?

Me pregunta, nos pregunta.

No importa lo vivido, lo sufrido y experimentado. Nada de eso ni nos descarta ni nos invalidad. Al contrario, nos capacita.

¿Deseas sanar? ¿deseas crecer, madurar y experimentar lo que es vivir cada día dependiendo de la gracia de Dios?

Te invito a considerar que Dios, Jesús, el Espíritu Santo y los recursos que Dios inquieta y añade desean restaurar y trasformar tu vida.

He querido ser honesto y contarles lo que viví al experimentar ataques de pánico y ansiedad.

Mi vida cambió ya que aprendí a:

Motivarme y celebrar.

Inspirarme y a tener ilusiones e ideas.

Empoderarme y educarme y sobre todo a ser:

Libre y liderarme,

Pero más que todo el reconocer que en cada etapa y vivencia estuviste siempre presente.

Gracias Dios por enseñarme que Tú nunca renuncias al ser humano.

# Bibliografías

## Ansiedad y Ataques de Pánico

El diccionario de la Real Academia Española (RAE) define la ansiedad como un estado de agitación, inquietud o zozobra del ánimo. Combinación de manifestaciones físicas o mentales que no son atribuibles a peligros reales, sino que se manifiestan en forma de crisis o como un estado persistente o difuso. La anticipación de peligros futuros indefinibles e impredecibles.

La ansiedad se manifiesta en una respuesta vivencial, fisiológica, conductual y cognitiva que se caracteriza por un estado de alerta y activación.

Síntomas que se pueden manifestar a causa de la ansiedad:

- ✓ Aceleración del ritmo cardiaco, respiración, sensación de ahogo, opresión del pecho, sudoración, escalofríos o sensación de flojera.
- ✓ Sensación de entumecimiento o de hormigueo.
- ✓ Nauseas o molestias abdominales
- ✓ Temblores, mareos o incluso desmayo.
- ✓ Síntomas similares a un infarto

Ataque o desorden de pánico- Involucra repetidos episodios de emociones súbitas de ansiedad intensa y miedo o terror que alcanza un pico en minutos. Podría tener sentimientos de muerte inminente, falta de aire (dificultad para respirar), dolor de pecho o rápidas palpitaciones cardíacas. Estos ataques de pánico pueden llevar a la persona a preocuparse de que éstos ocurran nuevamente, o comenzar a evitar situaciones en las cuales los eventos ocurran nuevamente. Las causas no son entendidas del todo. Experiencias de vida, eventos traumáticos parecen activar los desórdenes y manifestaciones de ansiedad en aquellos que son propensos a esta. Otras causas podrían ser factores hereditarios y condiciones médicas.

Recuperado en línea:

https://www.abc.es/bienestar/psicologia-sexo/abci-ansiedad-201909250938_noticia.html

https://www.mayoclinic.org/diseases-conditions/anxiety/symptoms-causes/syc-20350961